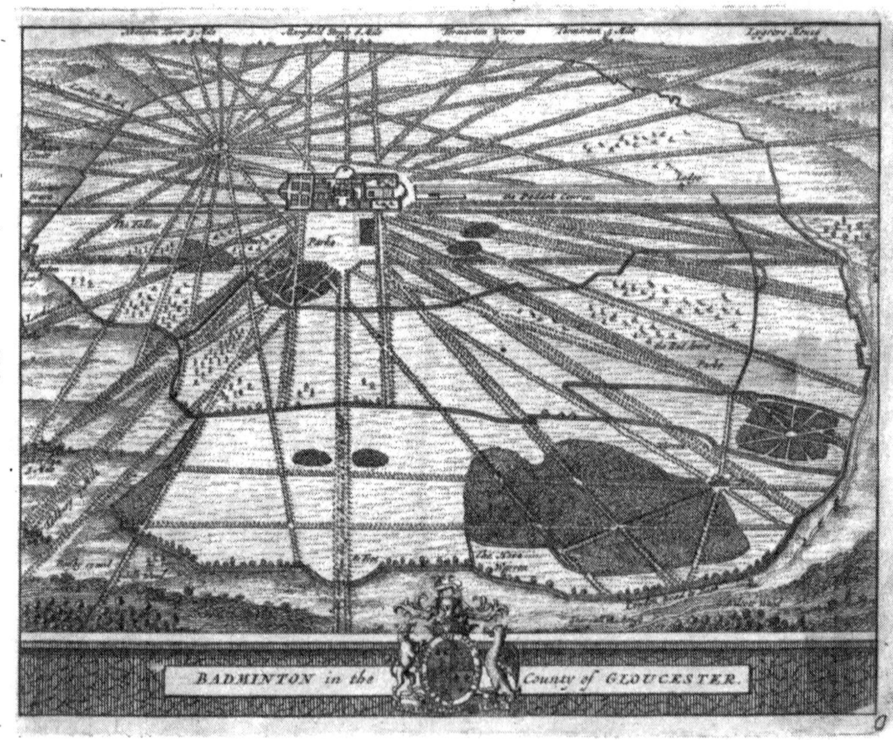
BADMINTON in the County of GLOUCESTER.

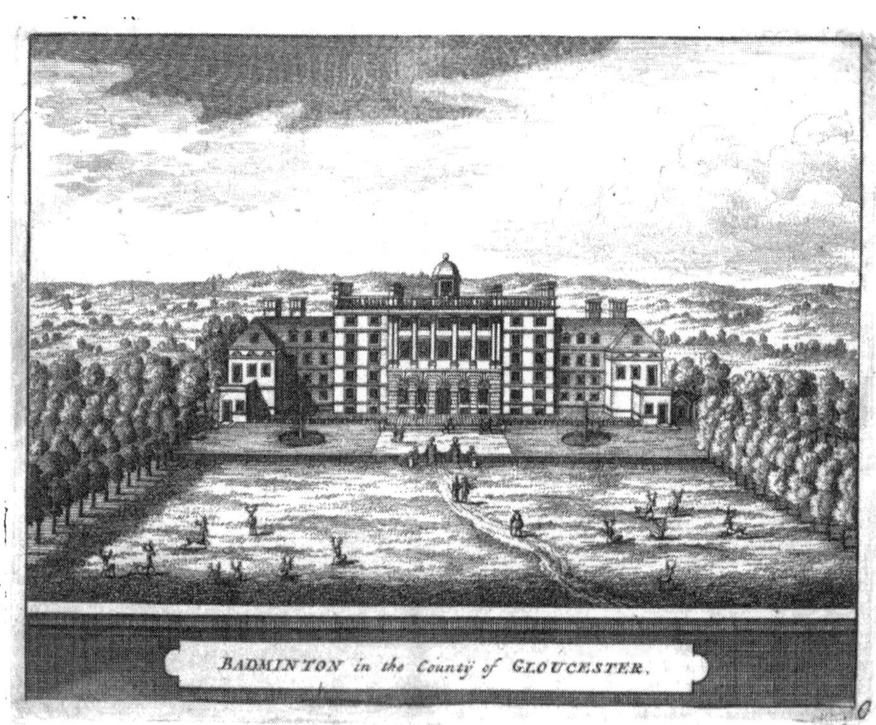
BADMINTON in the County of GLOUCESTER.

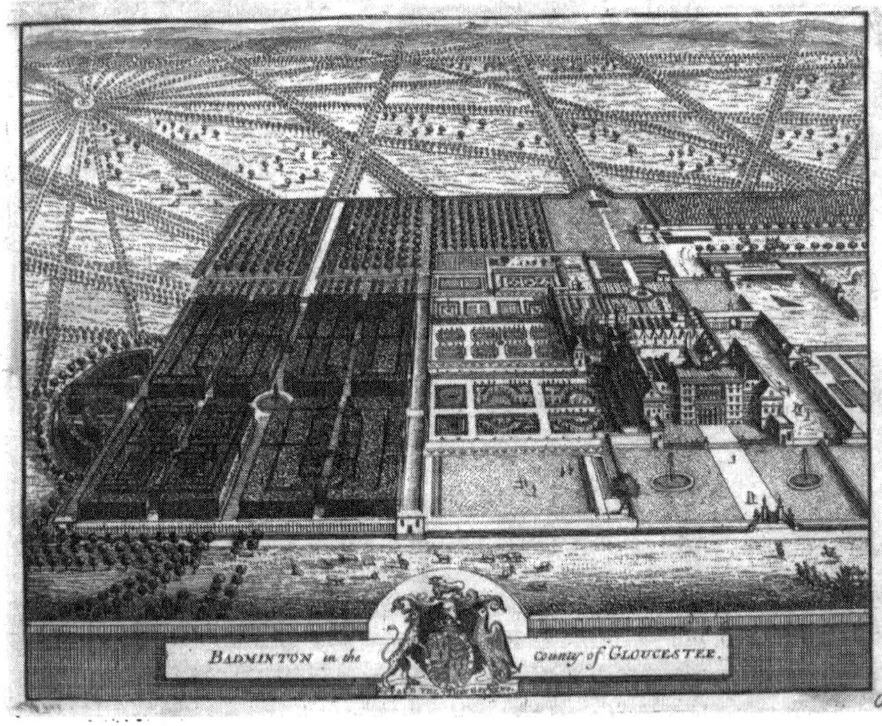

BADMINTON in the County of GLOUCESTER.

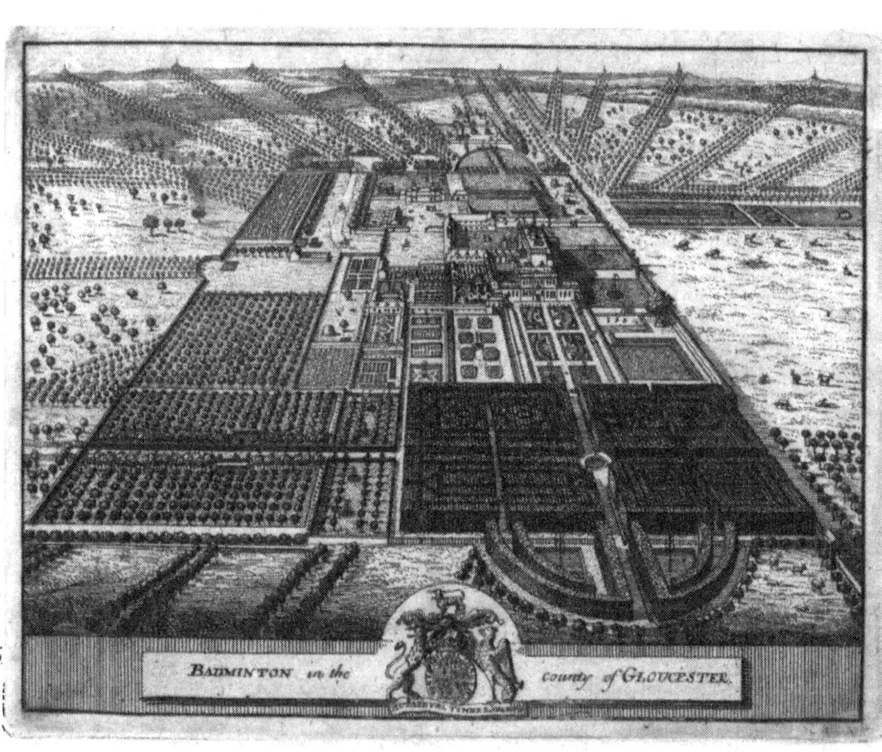

BADMINTON in the county of GLOUCESTER.

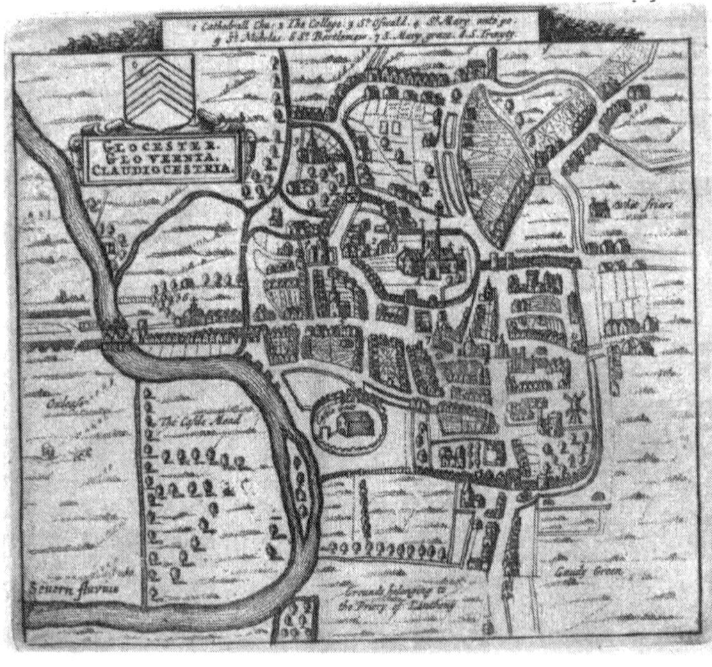

1 Cathedrall Chu: 2 The College. 3 St Oswald. 4 St Mary, ouer ye
5 St Nicholas. 6 St Bartlemew. 7 S. Mary, grace. 8 S. Trinity.
GLOCESTER.
GLOVERNIA.
CLAUDIOCESTRIA.
White friers
Blackfriers
The Cytte Mead
Seuern flumen
Grounds belonging to
the Priory of Lanthony
Gaudy Green

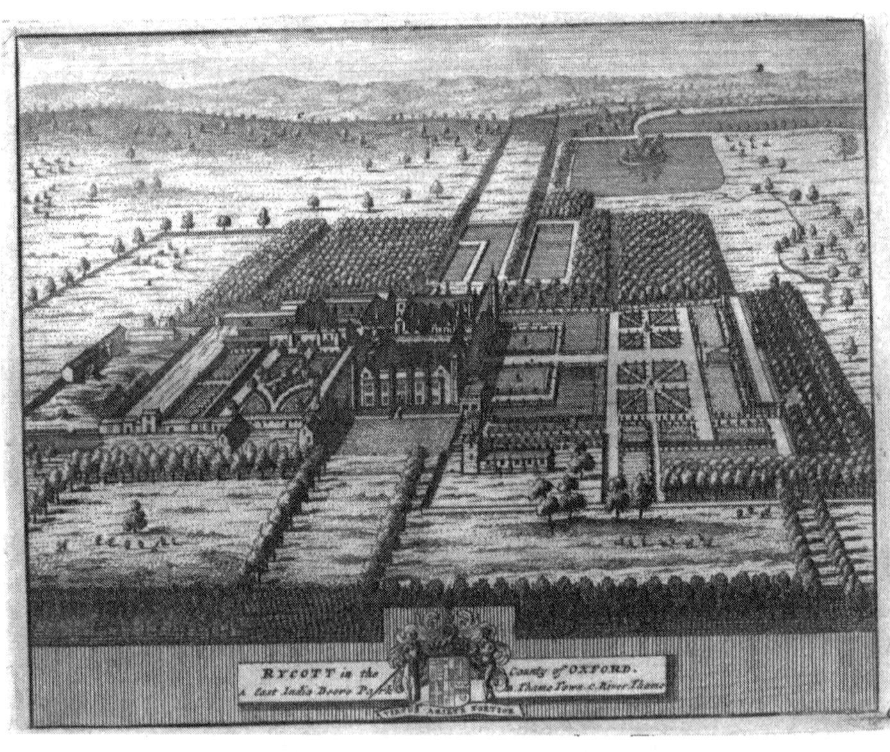

RYCOTT in the County of OXFORD.
A East India Doore Park
Thame Towne & River Thame

O 42

Église Paroissiale de BURCESTRE.

Le Collège de S. MARY-HALL, à OXFORD.
1. Le Refectoire. 2. Le Logement du Principal. 3. La Chapele.

L'ECOLE de S. ALBAN.

Le Collège de MERTON.
1 La Chapelle. 2 La Bibliotheque 3 Refectoire
4 Le Logement du Principal.

Le Collège d'ORIEL.
La Chapelle, et La Bibliotheque, ...
... Le Logement du Principal ...

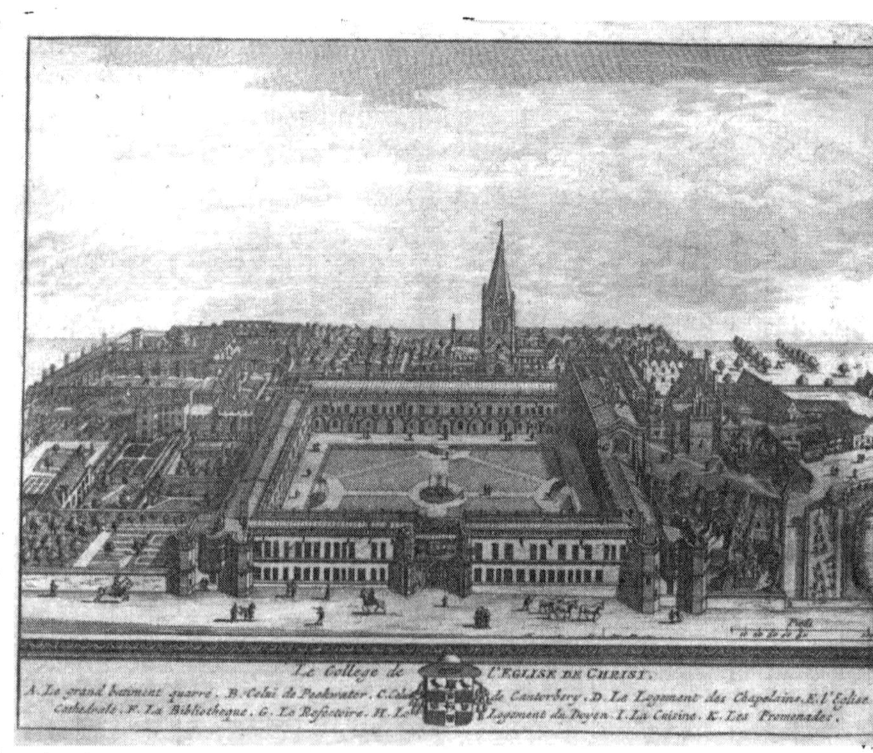

Le College de   L'EGLISE DE CHRIST.
A. Le grand bâtiment quarré. B. Celui de Peakwater. C. Celui de Canterbery. D. Le Logement des Chapelains. E. L'Eglise
Cathedrale. F. La Bibliotheque. G. Le Refectoire. H. Le Logement du Doyen. I. La Cuisine. K. Les Promenades.

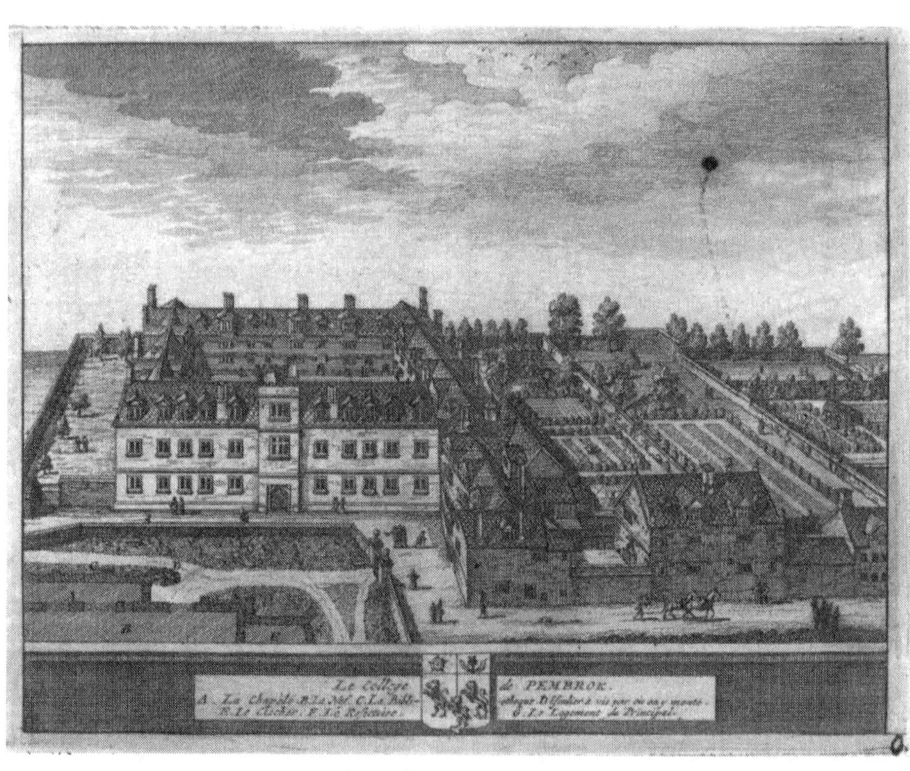

O. 34

Le Collège de NEW-INN à OXFORD

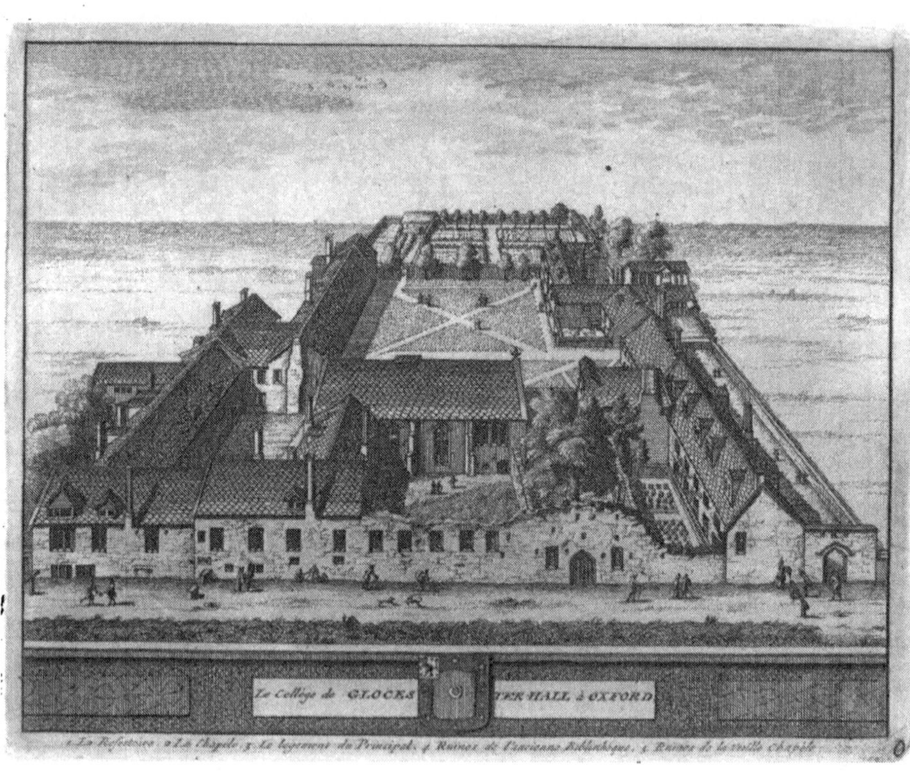

Le Collège de GLOCESTER HALL à OXFORD
1. Le Refectoire. 2. La Chapele. 3. Le logement du Principal. 4. Ruines de l'ancienne Bibliotheque. 5. Ruines de la vielle Chapele.

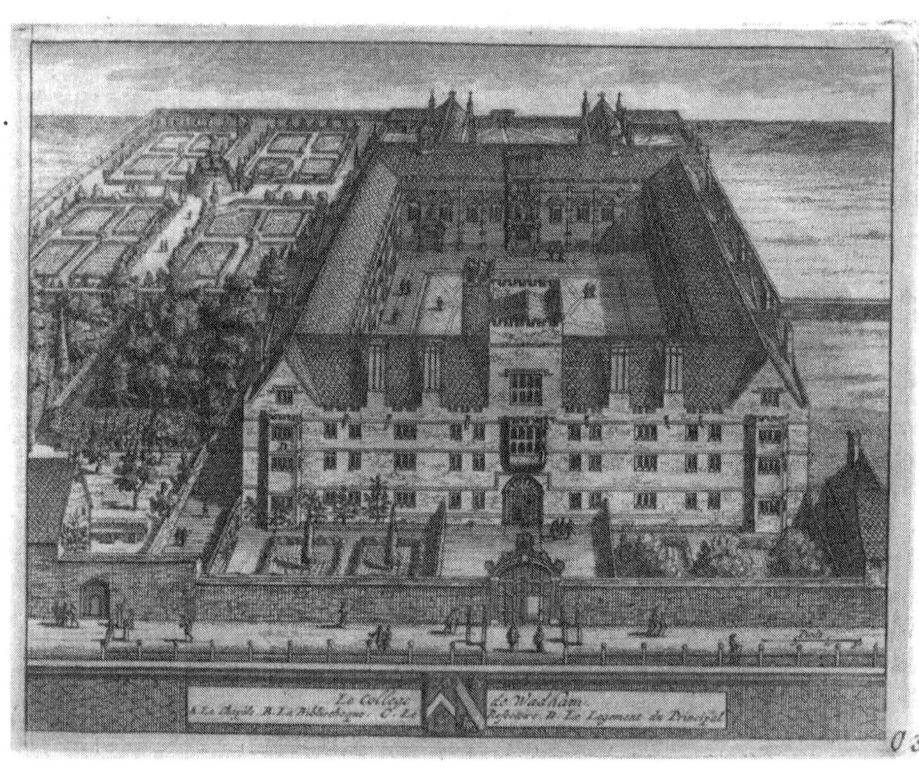

Le College de Wadham.
A La Chapelle B. La Bibliotheque C. La ... D. Le Logement du Principal

B
Partie du COLLEGE de S. JEAN BAPTISTE, bâtie par Guil. Laud
A. Le côté Oriental. B. Côté du Midi. C. côté du Nord. D. La Bibliotheque.

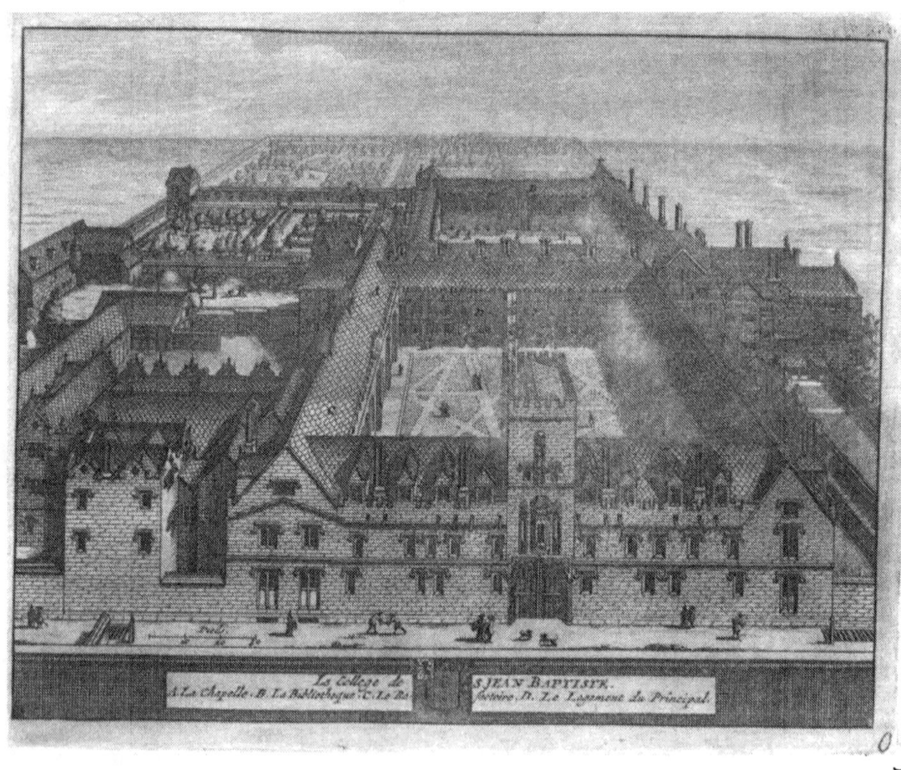

Le College de S. JEAN BAPTISTE.
A. La Chapelle. B. La Bibliotheque. C. Le Réfectoire. D. Le Logement du Principal.

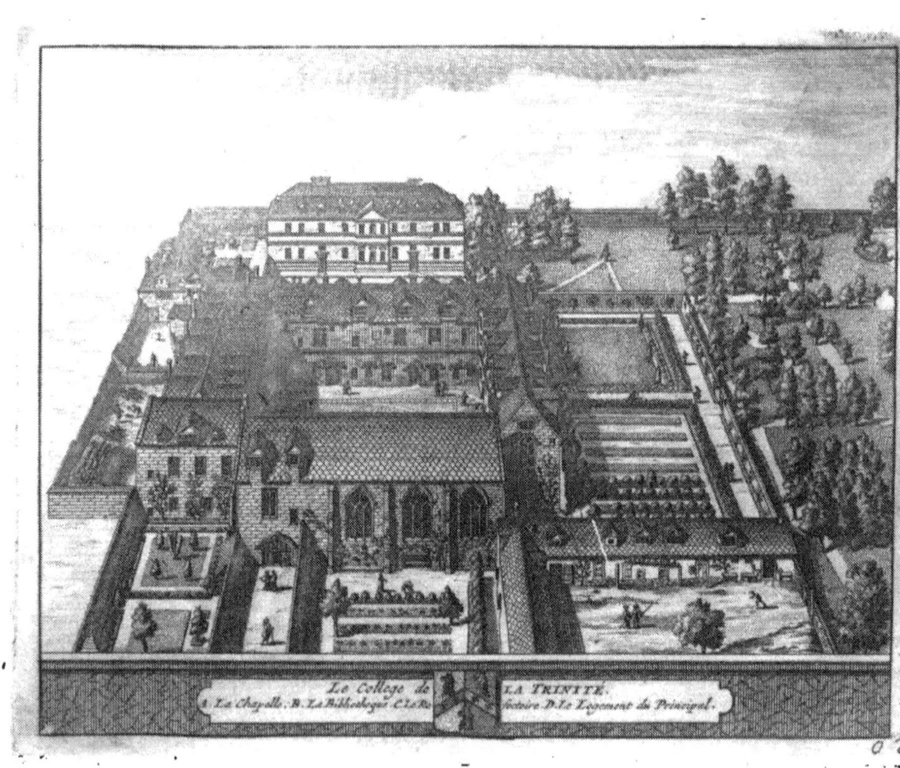

Le Collège de LA TRINITÉ.
A. La Chapelle. B. La Bibliotheque C. Le Re[fectoire?] D. Le Logement du Principal.

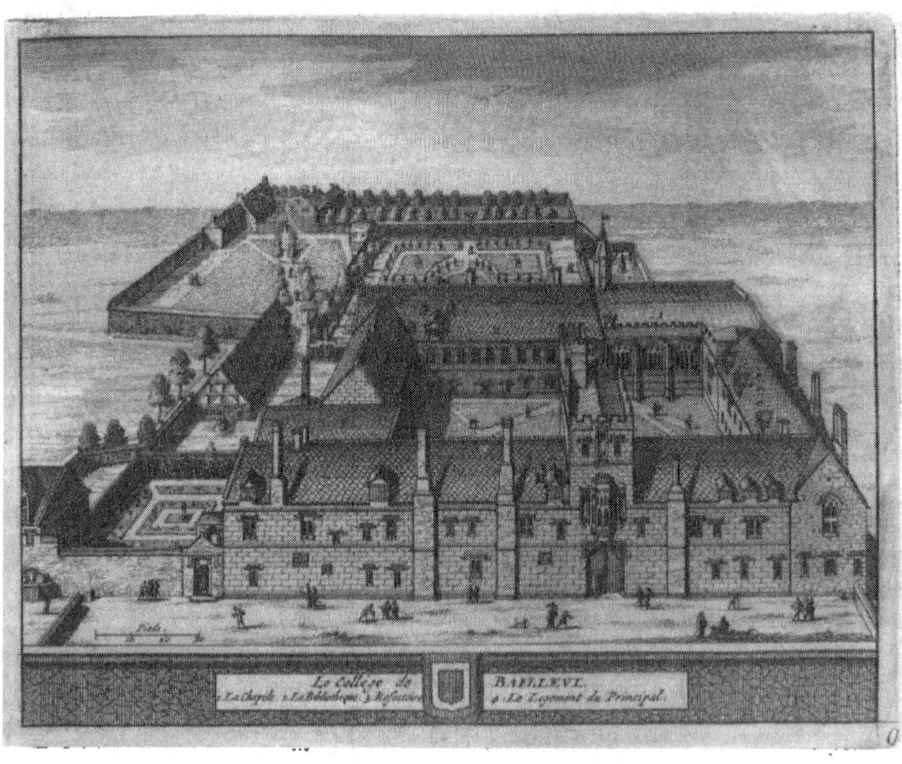

Le Collège de BAILLEVL.
1 La Chapelle, 2 La Bibliotheque, 3 Refectoire, 4 Le Logement du Principal.

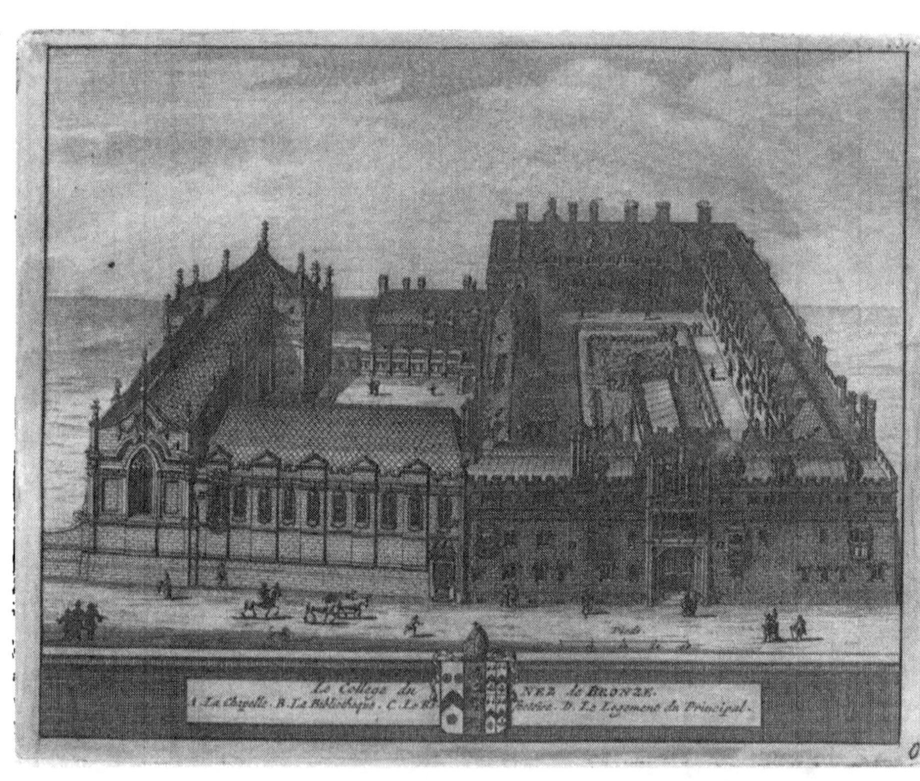
Le Collège du NEZ le BRONZE.
A. La Chapelle. B. La Bibliothèque. C. Le ... D. Le Logement du Principal.

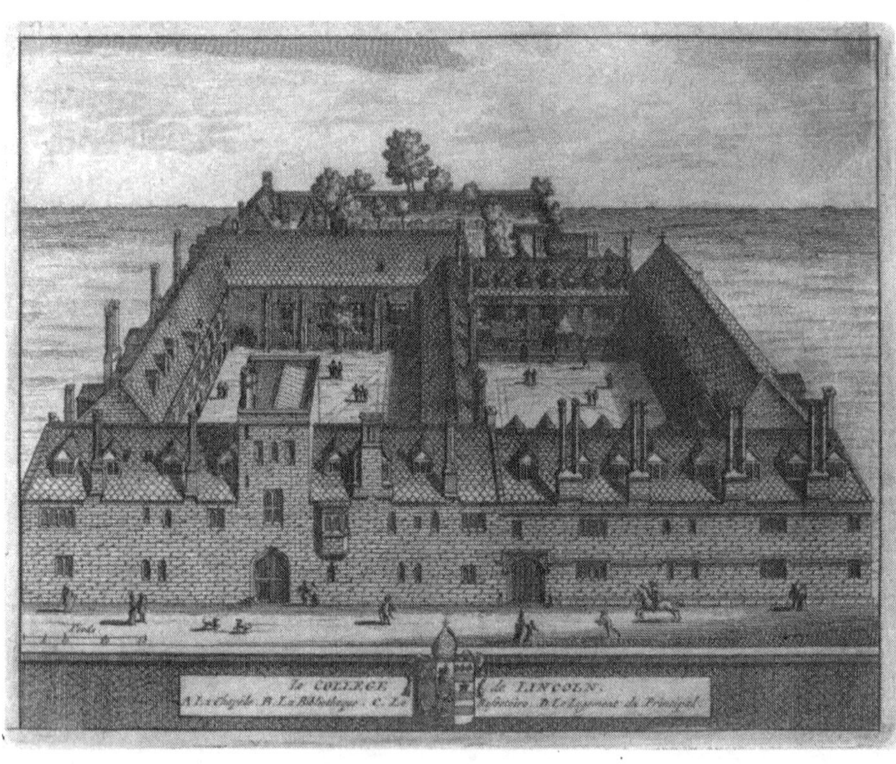

le COLLEGE de LINCOLN.
A La Chapelle. B. La Bibliotheque. C. Le Refectoire. D. Le Logement du Principal.

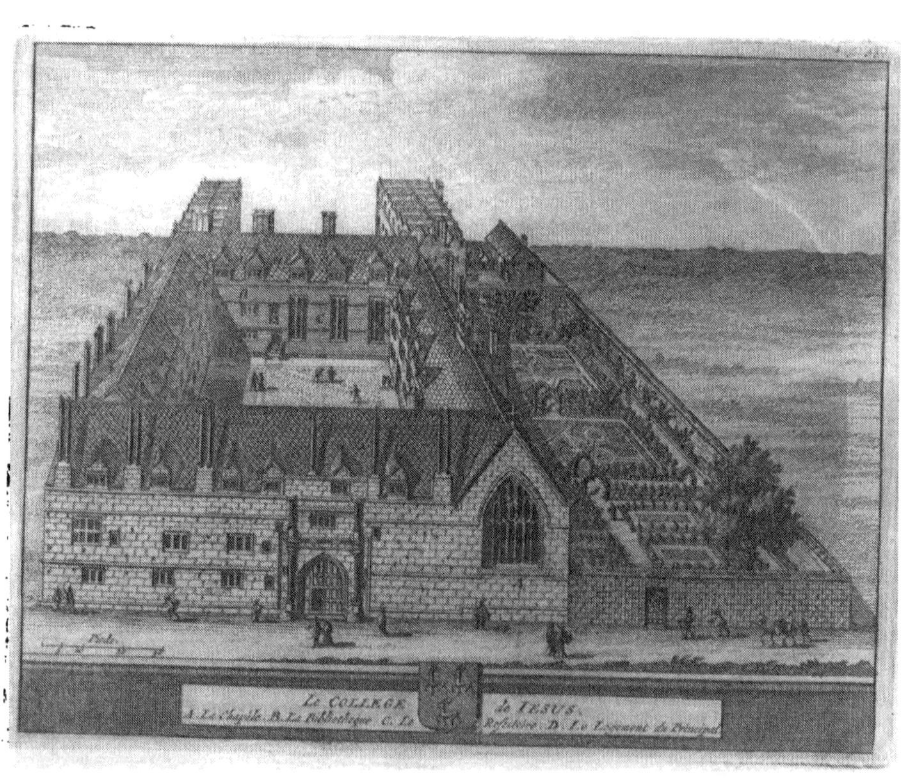
Le COLLEGE de IESUS.
A. La Chapelle. B. La Bibliotheque. C. Le Refectoire. D. Le Logement du Principal.

Le Collège d'EXETER
1 La Chapelle 2 La Bibliothèque 3 Refectoire 4 Le Logement du Principal

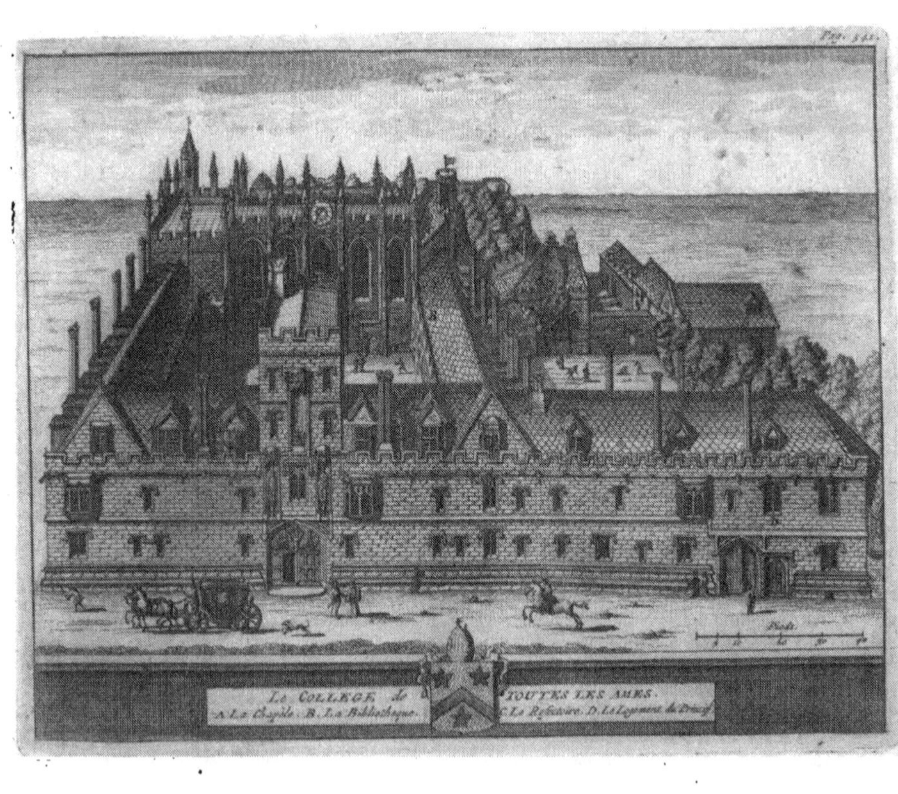

LE COLLEGE de TOUTES LES AMES.
A. La Chapelle. B. La Bibliotheque. C. Le Refectoire. D. Le Logement du Prevost.

L'ECOLE de la Sale du CERF.

Vue interieure du COLLEGE NEUF du côté du Nord.
A La Chapelle. B. La Bibliotheque. C. Le Refectoire. D. Le Logement du Principal.

LE COLLEGE NEUF.
A La Chapelle. B La Bibliothèque. C L'Infirmerie. D Le Logement du Principal.

Le College d'EDMUND-HALL, à OXFORD.

Le Collège de ... LA MAGDELEINE.
A. La Chapelle. B. La Bibliotheque. C. Le R... ...stoire. D. Le Logement du Principal.

Le College de MAGDALEN HALL à OXFORD.

Le COLLEGE de la REINE.
A. La Chapele. B. La Bibliotheque. C. Le Refectoire. D. Le Logement du Principal.

Le Collège de L'UNIVERSITÉ
1 La Chapelle. 2 La Bibliothèque. 3 l'Église. 4 Le Logement du Principal.

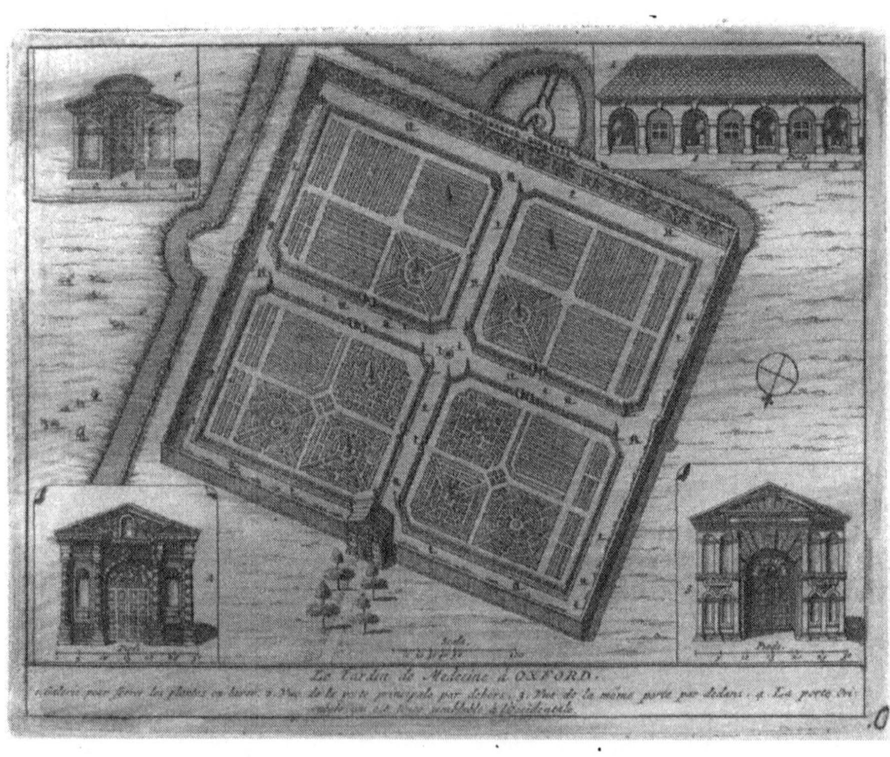

Le Jardin de Medecine d'OXFORD.

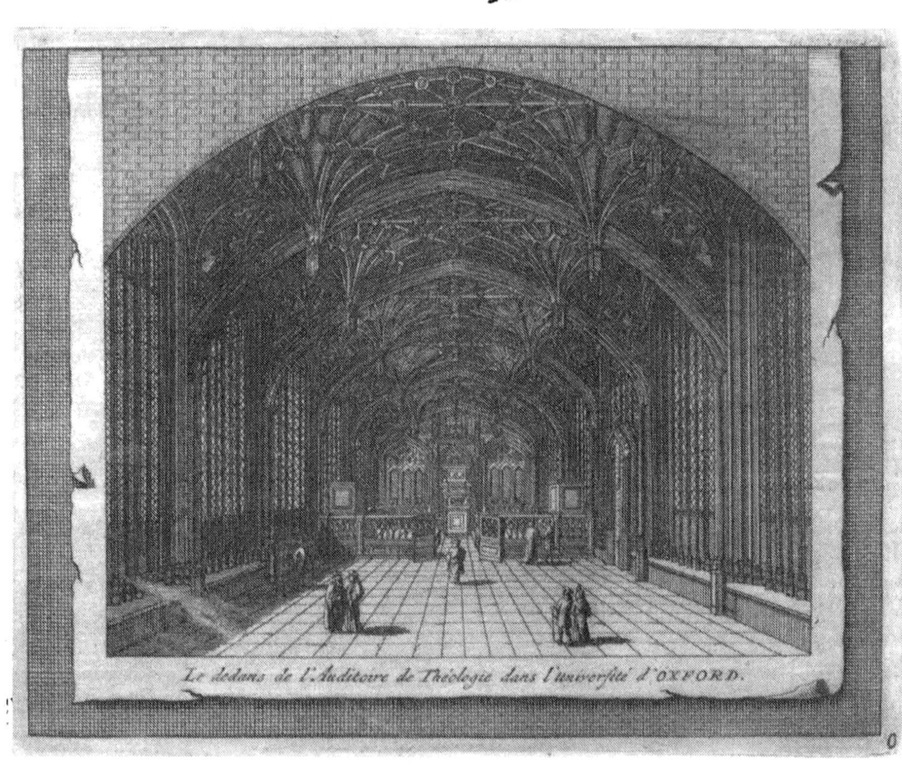

Le dedans de l'Auditoire de Théologie dans l'université d'OXFORD.

Les Auditoires publics de l'université d'OXFORD

Le Frontispice des Auditoires publics de l'Université d'OXFORD.

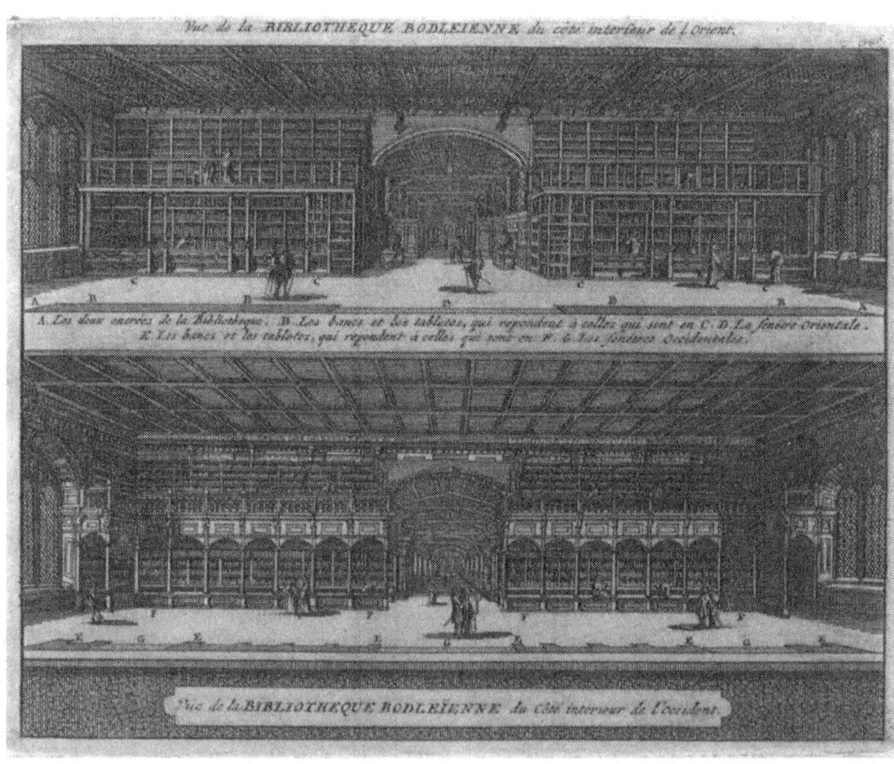

Vue de la BIBLIOTHEQUE BODLEIENNE du côté intérieur de l'Orient.
A. Les deux entrées de la Bibliothèque. B. Les bancs et les tablettes, qui répondent à celles qui sont en C. D. La fenêtre Orientale.
E. Les bancs et les tablettes, qui répondent à celles qui sont en F. G. Les fenêtres occidentales.
Vue de la BIBLIOTHEQUE BODLEÏENNE du Côté intérieur de l'occident.

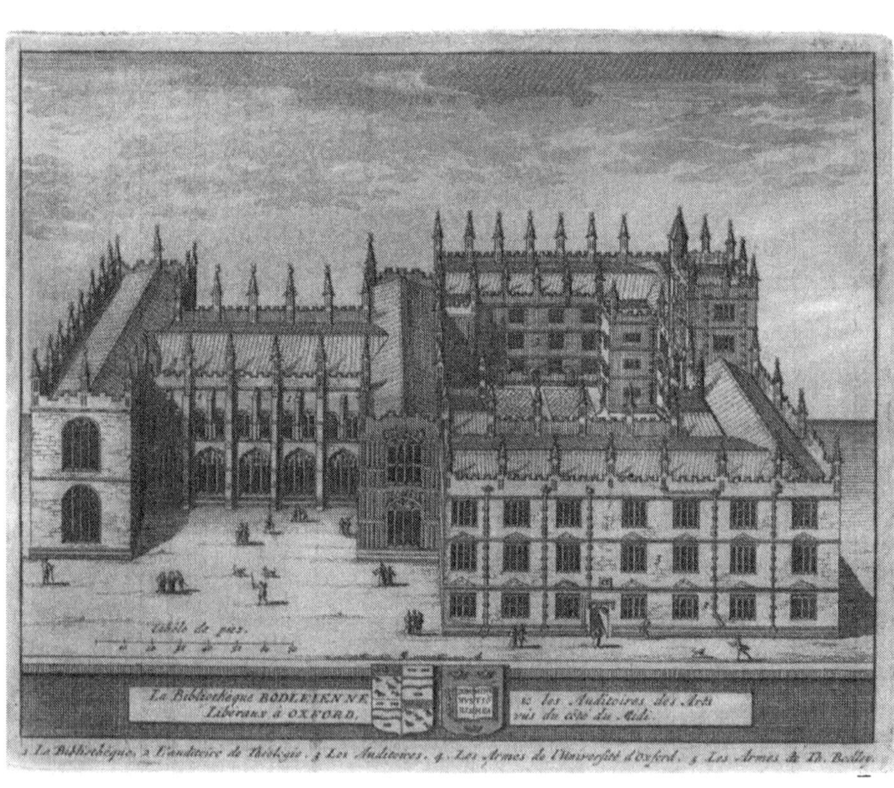

La Bibliothèque BODLEIENNE
Libreaux à OXFORD,

& les Auditoires des Arts
vûs du côté du Midi.

1 La Bibliothèque. 2 L'auditoire de Théologie. 3 Les Auditoires. 4 Les Armes de l'Université d'Oxford. 5 Les Armes de Th. Bodley.

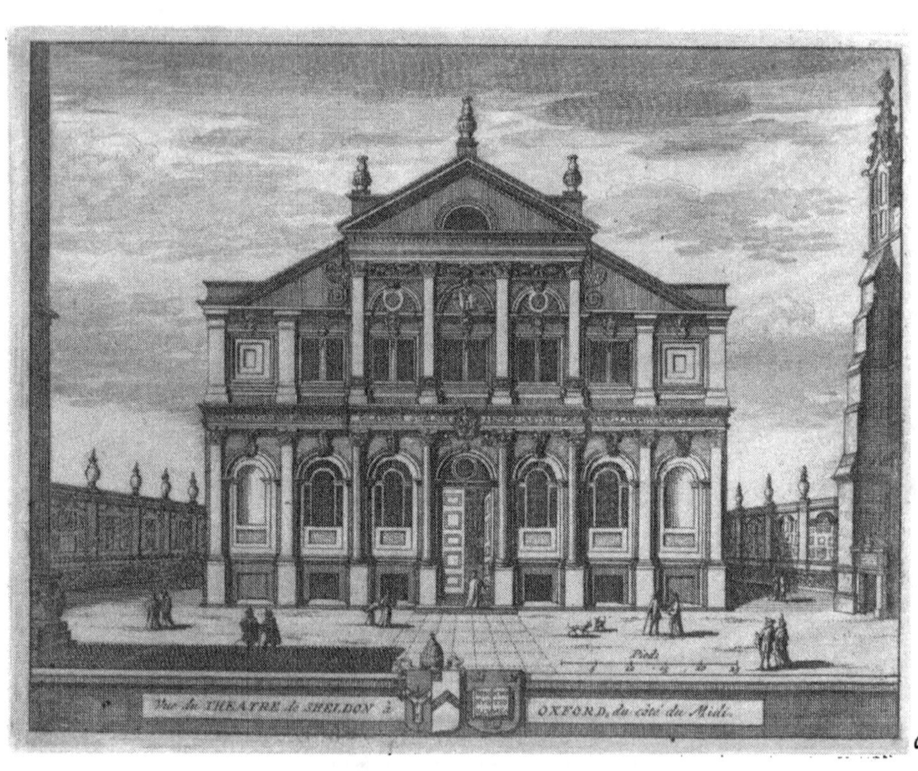

Vue du THEATRE de SHELDON à OXFORD, du côté du Midi.

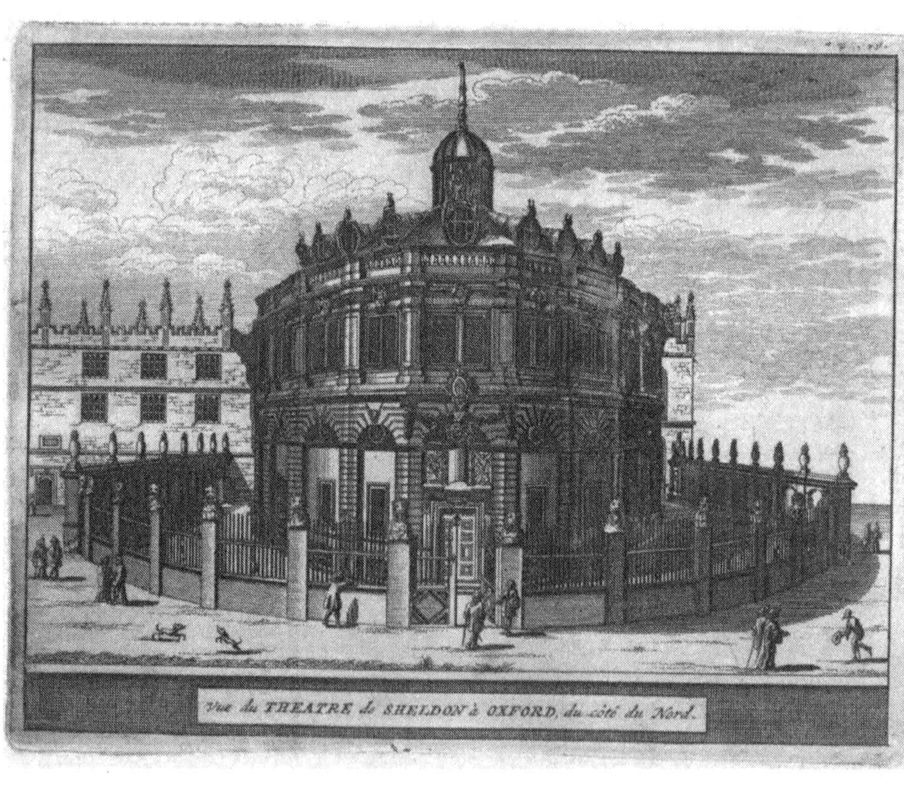

Vue du THEATRE de SHELDON à OXFORD, du côté du Nord.

1. Un Sergent.
2. Un Custos.
3
4
5
6
27
28
29
3. Un Student un gradui entretenu des rentes d'un Collège. 4. Un Student
Un Pensionnaire de la Première Classe. 5. Student en droit une gradui qui a...
Bachelier en Arts qui étudient en Carême. Collecteur des Bacheliers...
aux Arts revêtu d'un cappe. Le même en habit de deuil. Bachelier en...

Eglise de S. MARIE à OXFORD.

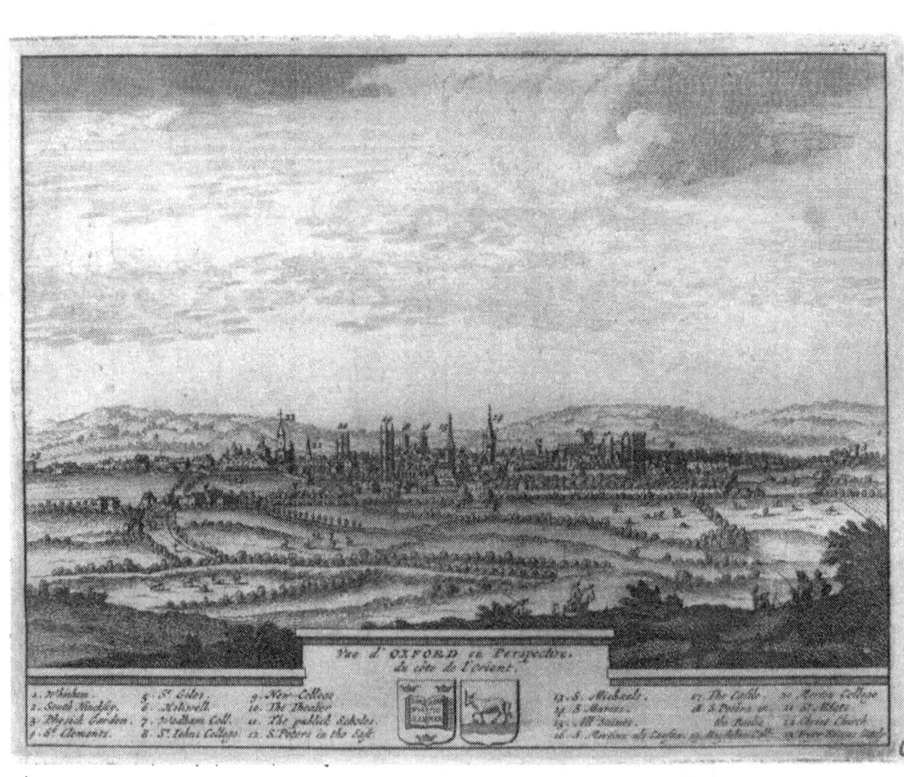

Vue d'OXFORD en Perspective,
du côté de l'orient.

1. Wolham
2. South Hinksey
3. Physick Garden
4. S. Clements
5. S. Giles
6. Holiwell
7. Wadham Coll.
8. S. Johns College
9. New College
10. The Theater
11. The publick Schools
12. S. Peters in the East
13. S. Michaels
14. S. Maries
15. All Saints
16. S. Martins
17. The Castle
18. S. Peters
19. Merton College

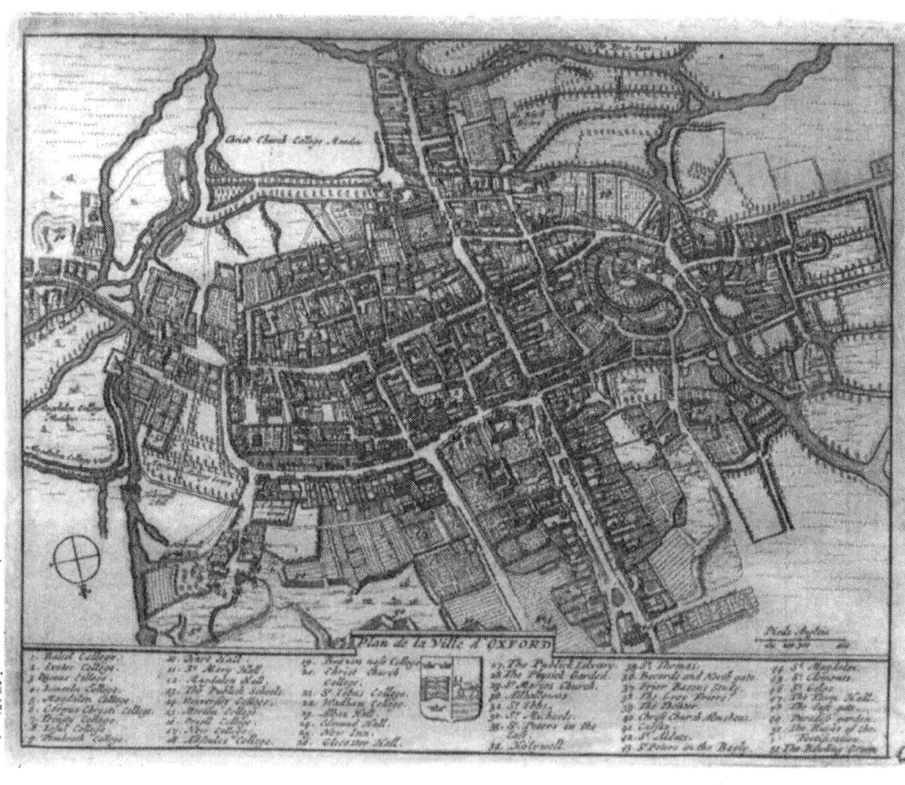

Christ Church College Meadow
Plan de la Ville d'OXFORD

COMTÉ DE WARWICK
PARTIE DE NORTHAMPTON
LE COMTÉ D'OXFORD
PARTIE DE BUCKINGHAM
PARTIE DE GLOCESTER
PARTIE DE WILT
PARTIE DE BARCK
Lieues d'Angleterre

OXONIA ILLUSTRATA,

OF

HET VERHEERLYKT OXFORD,

VERVATTENDE

De Gezichten der zelve Stad, met haare Gebouwen, Luft-huizen, en andere omleggende Plaatzen.

In 48. zeer naauwkeurige Prenten afgebeeld.

Te *AMSTERDAM*, a. h.

By GERRIT TIELENBURG, Boekverkooper in de Gafthuis-Moolenfteeg.

58 Shelbourne Rd
Bournemouth

———

Dear Sir

yours to hand "Re Old Dutch Book
of Oxford". I will accept your offer of £2 for
same. With many thanks

Pd. £2
13. 9. 29

Yours faithfully

S. Pester

www.ingramcontent.com/pod-product-compliance
Lightning Source LLC
Chambersburg PA
CBHW061033050726

47592CB00004B/1421